Mein erstes Diktat

Tipps von der „Tippse" für angehende „Diktatoren"

Irmely Fannis

Worpswede, März 2023

irmely@fannis.com.

Irmely Fannis

Mein erstes Diktat

Tipps von der „Tippse" für angehende „Diktatoren"

Impressum

Bibliografische Information der Deutschen Nationalbibliothek: Die Deutsche Nationalbibliothek verzeichnet diese Publikation in der Deutschen Nationalbibliografie; detaillierte bibliografische Daten sind im Internet über http://dnb.dnb.de abrufbar.

© 2023 Irmely Fannis

irmely@fannis.com

Herstellung und Verlag: BoD – Books on Demand, Norderstedt

ISBN: 978-3-7481-8428-7

Inhaltsverzeichnis

1. Überlegungen vor dem ersten Diktat

1.1 Das passende Diktiergerät

Grundsätzlich sollten keine analogen Diktiergeräte mehr verwendet werden, sondern nur noch digitale. Das ist gut für die Umwelt und auch gut für Sie, da Diktate, die auf virtuellem Weg übermittelt werden, sehr viel schneller fertiggestellt werden können als Diktate auf analogen Bändern, die erst einmal per Post oder Boten zur Schreibkraft gebracht werden müssen. Analoge Diktiergeräte sind also nicht nachhaltig und machen wirklich nur noch Sinn, wenn die Schreibkraft direkt neben Ihnen sitzt – dann können Sie jedoch auch ebenso gut ohne Diktiergerät „direkt in die Maschine" diktieren.

Das digitale Diktiergerät sollte gut in der Hand liegen, einfach zu bedienen sein, ausreichend Space auch für ein längeres Diktat und eine Möglichkeit bieten, das Diktat nach Fertigstellung direkt aus dem Gerät heraus auf geschütztem Wege an die entsprechende Schreibkraft zu transferieren. Der letzte Punkt ist wichtig bei externen Schreibbüros. Bei internen Schreibkräften ist das nur praktisch, aber nicht unbedingt erforderlich.

Abzuraten ist von teuren Diktiergeräten, die einen riesigen Umfang an Zusatzleistungen bieten, dafür jedoch erst einmal „studiert" werden müssen, bevor Sie überhaupt anfangen können.
Und versuchen Sie auf keinen Fall, „speech to text" zu verwenden, in der Hoffnung, sich die Schreibkraft sparen zu können. Diese Programme sind immer noch nicht ausgereift und verursachen mehr Arbeit als dass sie Nutzen bringen. Die Nachbereitung des auf diese Weise entstandenen Textes ist mühsamer und zeitintensiver als das Schreiben des Textes selbst. Zudem müssen Sie dem Programm auch erst in kleinen Häppchen Ihr persönliches Vokabular beibringen, damit es nicht nur „Bahnhof" versteht. Teilweise hat sich in letzter Zeit sogar die Unsitte durchgesetzt, die auf diese Weise entstandenen Texte unbearbeitet zu veröffentlichen, weshalb der Leser dann auch nur noch „Bahnhof" versteht. Dasselbe gilt auch für Übersetzungsprogramme ohne Nachbereitung durch einen Übersetzer (vor allem

chinesische Mode-Unternehmen tun sich da besonders hervor).

Ebenso ist abzuraten von Diktiergeräten, die auf eine bestimmte Marke fixiert sind (z.B. Grundig), weil Sie dann von vornherein darauf angewiesen sind, auch die Transkriptions-Software von derselben Marke zu verwenden, da universelle „Abhörsysteme" die Marken-Bänder nicht „verstehen" können. Da jedoch nur wenige Schreibbüros und Schreibkräfte diese eine Marke bevorzugen, ist Ihre Auswahl an Schreibkräften von vornherein sehr eingeschränkt. Zudem sind Sie der Preispolitik des einen Herstellers ausgeliefert.

Besser sind Diktiergeräte, die Diktate als allgemeine Audio-Dateien in MP3, RAW etc. produzieren, die dann zur Schreibkraft Ihrer Wahl übermittelt, dort bei Bedarf umgewandelt oder direkt so geschrieben werden können.

Mittlerweile können Sie auch direkt auf Ihrem Rechner oder mit Ihrem iPhone, iPad oder Tablet diktieren. Für längere Diktate ist das jedoch nicht sehr praktisch. Da sind immer noch die Diktiergeräte (auch virtuelle, z.B. von der australischen Software-Schmiede NCH) zu bevorzugen. Gute Diktiergerät-Händler bieten Ihnen zudem die Möglichkeit, ein Gerät zu leihen oder für einen gewissen Zeitraum kostenlos zu nutzen, um vor dem Kauf das für Ihre Zwecke beste Gerät zu finden.

1.2 Überlegungen zum Text

Wir alle stehen leider unter immensem Zeitdruck. Deshalb ist es wichtig, Ihren Text kurz und prägnant „rüberzubringen".

Vermeiden Sie unnötige Wiederholungen und Füllwörter, die kosten nur Zeit, aber überlegen Sie, was die wichtigste Botschaft Ihres Textes ist. Diese wiederholen und umschreiben Sie im Text mehrfach. Aber auch dabei nicht übertreiben, sonst landet Ihr Text beim Empfänger in der nächsten Ecke. Überlegen Sie, ob Sie den Empfänger normal oder alternativ persönlicher ansprechen wollen.

Nur „alte Hasen" im Diktieren bringen es fertig, den Text während des Diktierens zu entwickeln, Anfänger sollten sich auf jeden Fall ein paar Stichpunkte notieren, am besten sogar vorab einen roten Leitfaden, an dem sie sich im Diktat „entlanghangeln" können.

Stellen Sie sich vor, der Empfänger Ihres Textes sitzt direkt vor Ihnen, und anstatt ihm zu schreiben sagen Sie ihm einfach, was Sie ihm sagen wollen. Dann geht das Diktieren später viel leichter.

Überlegen Sie, auf welche Weise Sie den Text vermitteln wollen (Brief, Fax oder E- Mail) und wie er formatiert sein sollte.

1.3 Auswahl der richtigen Schreibkraft

Wenn Ihre Freundin / Ihr Freund, Ihre Mama oder Ihre Angestellte / Ihr Angestellter sich bereits freiwillig bereit erklärt haben, Ihren Text zu schreiben, oder wenn Sie bereits genau wissen, welches Schreibbüro Sie beauftragen möchten, können Sie diesen Punkt überspringen.

Wenn Sie noch die „Qual der Wahl" haben, sollten Sie folgende Punkte bei Ihrer Auswahl berücksichtigen:

Ganz wichtig ist, dass die Kommunikation zwischen Ihnen und der Schreibkraft / dem Schreibbüro richtig gut funktioniert, um verbindlich Abgabetermine, Preise, Formatierungen etc. absprechen und festlegen zu können.

Deshalb sollten Sie immer ein Schreibbüro wählen, deren Muttersprache auch Ihre Muttersprache ist, um von vornherein Missverständnisse auszuschließen. Gerade bei Schreibdienstleistungen sind inzwischen viele Billiganbieter aus Fernost auf dem Markt. Hier ist Vorsicht geboten. Die Preise sind unschlagbar, aber deren Preispolitik ist undurchschaubar, denn viele Leistungen, die normalerweise bei einem Schreibbüro im Preis enthalten sind (Formatierungen, Formulierungshilfe, Speichern, Ausdruck, Änderungen, Korrekturlesen etc.), werden extra berechnet, so dass Sie am Ende viel mehr bezahlen als Sie bei den niedrigen Grundpreisen vermutet haben. Außerdem lässt die Qualität der geschriebenen Texte teilweise sehr zu wünschen übrig. All das sind Dinge, die mit einem Schreibbüro, das dieselbe Muttersprache hat wie Sie, besprechen können und müssen – mit einem z.B. vietnamesischen Anbieter geht das evtl. nur in Englisch, einer Sprache, die die Muttersprache von keiner Seite ist. Hier sind Missverständnisse vorprogrammiert, wenn es nicht sogar von Anfang an grundsätzlich unmöglich ist, mit der Gegenseite zu kommunizieren.

Sie sollten ein Schreibbüro wählen, das schon lange erfolgreich am Markt tätig ist, denn damit sind bereits eine langjährige Erfahrung und gute Qualität garantiert.

Sie sollten ein Schreibbüro wählen, das nach erbrachter Leistung (z.B. Diktatminuten oder geschriebene Zeichen) und nicht nach Zeit abrechnet. Es sollte ein All-inclusive-Preis sein, der Korrekturen, Ausdrucke, Speichern etc. beinhaltet.

Idealerweise sollten Sie ein Schreibbüro wählen, das schön öfter in der von Ihnen betriebenen Branche tätig war.

2. Das Diktat

2.1. Generelles

Haben Sie keine Angst vor dem Diktieren, sondern halten Sie sich an den von Ihnen vorbereiteten „roten Faden", dann wird das schon klappen. Aus Erfahrung weiß ich, dass viele hochdotierte und angesehene Führungskräfte im Grunde Legastheniker sind, denen von ihren Schreibkräften der Rücken freigehalten wird, indem sie stillschweigend deren Fehler „ausbügeln". Und – wir leben im Zeitalter der Computer und nicht mehr im Zeitalter der Adler-Schreibmaschinen, bei denen jede Korrektur oder Änderung mühsam mit Radiergummi (im Durchschlag) und Tipp-Ex korrigiert werden musste. Überarbeitungen sind heutzutage am Computer üblich und können so oft durchgeführt werden wie man möchte.

Also machen Sie sich keine Sorgen, sondern diktieren Sie frisch drauflos! Sie sind darin nicht schlechter als die anderen, und alles kann noch geändert werden.

2.2. Rund um das Diktat

Eigentlich sollte es eine Selbstverständlichkeit sein und schon der respektvolle Umgang miteinander gebietet, dass man nicht unvermittelt mitten im Diktat laut in das Mikrophon hineinhustet oder schnäuzt, dass man nicht beim Diktieren isst und mit vollem Mund spricht – aber einer meiner Kunden kann es einfach nicht lassen.

Genauso respektlos ist es, wenn Sie einen festen Abgabetermin vereinbaren und dann das Diktat erst kurz vor dem Abgabetermin zur Schreibkraft schicken. Beispiel: Der Auftraggeber vereinbart eine Woche vorher, dass Abgabe bei seinem Anwalt unbedingt am Montagmorgen sein muss, da dieser eine Frist vor Gericht einhalten muss. Der Umfang des Diktates soll etwa 30 Minuten betragen. Bis Freitagabend hat die Schreibkraft nichts von ihrem Aufraggeber erhalten außer einer kurzen Info, dass er jetzt mit dem Diktieren anfange und vermutlich Samstagmittag damit fertig sei. Er geht also ganz selbstverständlich davon aus, dass die Schreibkraft am Wochenende nur für ihn da sein wird und kein Privatleben hat. Am Samstagmittag kommt die Ansage, dass er noch nicht angefangen sei, aber in ca. einer Stunde damit beginnen werde. Am Samstagabend schickt er die ersten fünf Minuten des Diktats rüber mit der Info, dass der Rest morgen folgen werde. Am Sonntagmittag ist der Rest immer noch nicht da. Am Sonntagabend um 22 Uhr kommt der Rest des Diktates mit der Anweisung, das Schreiben gleich nach Fertigstellung, ohne dass er es Korrektur gelesen habe, direkt an den Anwalt zu schicken. Der Auftraggeber geht also ganz selbstverständlich davon aus, dass die Schreibkraft eine Nachtsitzung macht, damit der Text bis Montagmorgen beim Anwalt sein kann.

Wenn das einmal passiert, kann man ein Auge zudrücken, weil es jedem von uns passieren kann, dass etwas dazwischenkommt, so dass sich eine zugesagte Lieferung verzögert. Wenn das allerdings immer passiert und zur Gewohnheit wird, ist das schlicht und einfach unverschämt und gehört sich nicht.

Apropos 30 Minuten Diktatzeit – hört sich wenig an, aber 30 Minuten Diktatzeit bedeuten bei einem gut verständlichen und flüssigen Diktat inkl. Formatierung mindestens 120 Minuten Schreibzeit, also zwei Stunden. Bei einem schludrigen, kaum verständlichen Diktat ohne Einhaltung irgendwelcher Diktatregeln sind 30 Minuten Diktatzeit allerdings wegen ewigem Zurückspulen sowie endlosen Recherchen und Nachfragen bereits 300 Minuten Schreibzeit, also fünf Stunden.

Das müssen Sie bei Ihrer Terminvereinbarung immer im Auge behalten.

Die Qualität des Diktats entscheidet auch über den Preis. Ich berechne beispielsweise bei einem gut verständlichen Diktat eines routinierten Vieldiktierers (z.B. Anwalt), das ohne Überarbeitung so „steht", 2,00 Euro pro Diktatminute. Ein mühsames, sehr schlechtes Diktat, das viele Änderungen, Recherchen, erneute Überarbeitungen, Absprachen etc., also im Grunde ein komplettes Lektorat erfordert, berechne ich 1 Cent pro Zeichen (inkl. Leerzeichen) des finalen Dokuments. Das kann dann schnell das Zehnfache des Preises sein, den der routinierte Vieldiktierer zahlt.

Innerhalb dieser Spanne gibt es viele Varianten. Für Sie ist wichtig zu wissen, dass eine professionelle, gute Schreibkraft Sie „auffängt", wie sie es auch mit jeder Führungskraft tut, die im Grunde sogar Legastheniker sein kann. Ihr Text wird immer gut sein, egal, wie gut oder schlecht das Diktat war. Es ist alles eine Frage des Preises und des respektvollen Umgangs miteinander. Auch das ist ein Grund, bei der Auswahl seines Schreibbüros nicht das erstbeste und preiswerteste zu nehmen, sondern das routinierte Schreibbüro, das sich schon lange auf dem Markt gehalten hat, weil es gute Qualität zu vernünftigen Preisen liefert. Und es ist natürlich auch eine Frage des Vertrauens, was gerade in diesem Metier sehr wichtig ist: Der / die eine ist mir sympathisch, der / die andere eben nicht. Mit dem einen kann ich mir eine vertrauensvolle Zusammenarbeit vorstellen, mit dem anderen von vornherein absolut nicht. Einer professionellen Schreibkraft Ihres Vertrauens können Sie Ihre

Schwächen anvertrauen, so dass sie das von Anfang an dementsprechend mit berücksichtigen kann.

Sie sehen also – im Grunde kann nichts schiefgehen. Wenn Sie das im Hinterkopf haben, können Sie sich ganz entspannt an die Arbeit machen.

2.3. Diktierregeln

2.3.1 Zähne auseinander

Sprechen Sie deutlich in Ihrem normalen Sprechtempo, nicht zu laut und nicht zu leise. Viele haben die Angewohnheit, an Stellen, die ihnen peinlich sind oder bei denen sie sich nicht sicher sind, ob das Gesagte so auch richtig ist, anzufangen zu nuscheln. Machen Sie Nägel mit Köpfen, entweder Sie sagen etwas oder Sie sagen es nicht. Zu nuscheln unter dem Motto „ich bin mir nicht sicher, ob ich das sagen sollte" bringt Sie nicht weiter. Das ist eine Stelle, die Sie sich vorher bei der Erstellung Ihres roten Fadens gut überlegen müssen, aber nicht mehr während des Diktates.

2.3.2 Richtig vor- und zurückspulen

Das richtige Vor- und Zurückspulen lernen Sie mit der Zeit, bald können Sie das intuitiv im Schlaf, aber am Anfang ist es schwer, genau an die Stelle zurück zu spulen, ab der man das bereits Diktierte anders formulieren möchte und genau an die Stelle vor zu spulen, wo man das Diktat gestoppt hat. Hilfreich ist hier, das Diktat ab der Änderung noch einmal abzuhören, ob alles passt.

Wenn das auch nach dem dritten Versuch immer noch nicht richtig klappt, ist es besser, Sie überlassen das der Schreibkraft, indem Sie z.B. während des Diktates sagen: „Stopp. An der Stelle, wo ich ... gesagt habe, bitte stattdessen folgendes einfügen: ... und danach am Ende wie folgt weiterschreiben: ... Weiter".

Einer meiner langjährigen Kunden hat das richtige Vor- und Zurückspulen bis heute nicht im Griff, weigert sich jedoch auch, stattdessen meinen Rat zu befolgen, da er denkt, dass er das nicht nötig hat. Er spult immer viel zu weit zurück mit dem Ergebnis, dass dadurch viele Worte und zum Teil ganze Sätze verschluckt werden, was unnötige Nachfragen erforderlich macht.

2.3.3 Anweisungen während des Diktats

Anweisungen, die für das gesamte Diktat gelten, machen Sie bitte ganz am Anfang, z.B. welche Formatierung (Blocksatz oder Fließtext) oder Schriftart / -größe und welchen Zeilenabstand Sie wünschen. Das ist kein Muss, die meisten Diktierer überlassen diese Entscheidungen ganz der Schreibkraft ihres Vertrauens, sie weiß am besten, was gut aussieht oder welche gesetzlichen oder behördlichen Vorgaben eingehalten werden müssen.

Ganz am Anfang müssen Sie auch angeben, an wen das Schreiben gehen soll und in welcher Form (Brief, Fax, E-Mail).

Satzzeichen während des Diktats brauchen Sie normalerweise nicht mitdiktieren, die setzt die Schreibkraft von selbst. Wenn etwas hervorgehoben werden soll oder wenn der Folgetext in Form einer

Tabelle dargestellt werden soll, müssen Sie das aber angeben. Wenn eine dementsprechende Anweisung im laufenden Diktat erfolgen soll, sagen Sie „Stopp", machen die Vorgabe und sagen dann „Weiter".

Sagen Sie immer „Stopp" und „Weiter", wenn Sie der Schreibkraft etwas mitteilen wollen. Ohne dieses „Stopp" und „Weiter" geht die Schreibkraft immer davon aus, dass das Gesagte Teil des zu erstellenden Textes ist.

Ohne dieses „Stopp" und „Weiter" ist es mir beispielsweise schon passiert, dass ich fleißig weiter geschrieben habe, bis ich merkte, dass das Gesagte irgendwie nicht zum vorher Diktierten passte und feststellen musste, dass mein Kunde mittlerweile mit jemandem telefonierte, ohne vorher „Stopp" gesagt oder die Stop-Taste seines Diktiergeräts betätigt zu haben.

Genauso wichtig ist, dass Sie „Ende des Diktats" sagen, wenn ein Diktat fertig ist, vor allem, wenn auf einem Band mehrere Diktate sind.

2.3.4 Richtig buchstabieren

Bei der Anschrift, aber auch später im Text ist es ganz wichtig, dass Sie Eigennamen, Adressen etc. richtig buchstabieren, d.h., sagen Sie nicht einfach „a", „g" etc., sondern verlängern Sie den jeweiligen Buchstaben immer in Form eines ganzen Wortes, also in unserem Beispiel wären „Anton", „Gustav" angebracht oder irgendetwas, was Ihnen dazu einfällt, z.B. „Affe", „Giraffe" oder „Alpha", „Gemini" etc.

Grund dafür ist, dass sich viele Buchstaben für sich allein gesprochen fast gleich anhören, z.B. B und G und D. Dann ist es sehr mühsam für die Schreibkraft, das Wort richtig zu schreiben und erfordert unnötige Nachfragen. Heutzutage ist es dank Internet natürlich etwas komfortabler, Recherchen zu Namen und Adressen durchzuführen. Das funktioniert aber nur, wenn es sich um etwas allgemein Bekanntes (z.B. ein Unternehmen, eine bekannte Persönlichkeit etc.) handelt. Wenn der Auftraggeber seiner Oma schreiben will, kann die Schreibkraft den richtigen Namen und die richtige Adresse nicht wissen und muss unnötig nachfragen.

Diese Form der Buchstabierung sollten Sie generell verwenden, nicht nur bei einem Diktat. Immer wenn es Ihnen wichtig ist, dass der Gesprächspartner ein Wort richtig versteht, und auch, wenn der Gesprächspartner Sie z.B. am Telefon auffordert, das eben gesagte bitte zu buchstabieren, sollten Sie diese Buchstabiermethode verwenden.

Das können Sie mit der Zeit im Schlaf. Bis es so weit ist, sollten Sie immer einen kleinen Spickzettel dafür in der Tasche haben, auf dem Sie z.B. folgendes notiert haben:

A	Anton	K	Kevin
B	Berta	L	Laura
C	Caesar	M	Martha
D	Dora	N	Nora
E	Emma	O	Olga
F	Faul	P	Paula
G	Geld	Q	Qualle
H	Heu	R	Rudi
I	Igel	S	Senf
J	Jäger	T	Tim

U	unten	X	Xantippe
V	vorne	Y	Ypsilon
W	Wasser	Z	Zeit

Das ist nur ein Beispiel, bitte verwenden Sie bei Bedarf Ihre eigenen Worte.

3. Nach dem Diktat

Die versierten Vieldiktierer (z.B. Anwälte, Sachverständige, Architekten, Gutachter etc.) sind nach Abschluss des Diktats fertig. Kleinere Ergänzungen oder Korrekturen nehmen sie in der übermittelten Word®-Datei selbst vor. Sie waren so gut vorbereitet und sind so versiert, dass ihr Text gleich nach Fertigstellung „steht". Deshalb schreiben externe Schreibbüros und interne Schreibkräfte gern für diese Klientel, ihre Aufträge sind ohne viel Recherchen und Nachfragerei schnell erledigt. Der Umgang miteinander ist respekt- und verständnisvoll.

Es gibt aber auch die Zögerlichen, diejenigen, die erst eine vage Idee im Kopf haben und erst einmal ein

„Gerüst" für ihre Gedanken brauchen. Sie sind nicht vorbereitet, sondern wollen erst einmal sehen, was sie bis jetzt festgehalten haben und was da noch fehlt. Sie wollen sehen, ob der Aufbau des Schreibens so gut ist oder ob sie das Ganze noch mal komplett umkrempeln wollen oder müssen. Beim Korrekturlesen kommen ihnen tausende neue Ideen, was sie unbedingt noch mit reinbringen oder verwerfen möchten, sie haben tausende neue Ideen für andere Formulierungen und Reihenfolgen. Im Extremfall gibt es keine Ähnlichkeit mehr zwischen Endversion und ursprünglicher Originalversion. Das Ganze kann sich über Monate hinziehen.

Hier sind Geduld, Verständnis und bei Bedarf Hilfestellung der Schreibkraft gefragt.

Als Diktieranfänger können Sie natürlich noch nicht wie ein versierter Profi diktieren. Macht aber nichts. Wie Sie sehen, gibt es viele Arten eines Diktats. Fangen Sie einfach an, „wie Ihnen der Schnabel gewachsen ist" – wie gesagt, alles ist machbar.

3.1 Effektives Korrekturlesen

In der Praxis hat sich folgendes Prozedere beim Korrekturlesen bewährt:

Die Schreibkraft übermittelt das fertige Diktat als PDF-Datei an ihren Auftraggeber.

Das PDF-Format wähle ich deshalb, weil einige Kunden es – ohne vorherige Ansage - einfach nicht lassen können, selbst Änderungen vorzunehmen, wenn ich ihnen die Word®-Datei übermittele und bei den Änderungen, die ich vornehmen soll, dann diese geänderte Word®-Datei als Basis nehmen, die mir jedoch nicht vorliegt, da ich bis dahin nur die Originalversion habe, die ich selbst geschrieben habe.

Vor allem bei längeren Texten ist es dann ungeheuer mühsam und erfordert viel Nachfragerei, beide Versionen auf den gleichen Stand zu bringen.

Also bitte, liebe „Diktatoren", entweder ich mach die Korrekturen nach Ihren Ansagen oder Sie machen die Korrekturen selbst – aber nicht alle zusammen im selben Text zur selben Zeit!

Deshalb eine PDF-Datei, dann kann das gar nicht erst passieren.

Auch hat es sich nicht bewährt, dem Kunden das Dokument als Word®-Datei im Überarbeitungs-Modus zur Verfügung zu stellen. Meine Erfahrung dabei ist, dass die meisten Kunden damit überhaupt nicht klarkommen und mehr Fragen (z.B. „wieso verschiebt sich denn jetzt die Seite?" etc.) haben als dass dieses Vorgehen für irgendeine Seite hilfreich wäre.

Es ist immer noch besser, die entsprechenden Stellen einfach z.B. gelb zu markieren. Damit kommt jeder klar.

Ein weiterer Grund für die Verwendung von PDF ist auch, dass nicht jeder Kunde Zugang zu einem Word®-Programm hat und somit den Text gar nicht lesen könnte. PDF kann jedoch jeder lesen.

Nachdem der Kunde also jetzt die PDF-Datei mit dem bisher Diktierten erhalten hat, nummeriert er seine einzelnen Änderungspunkte in diesem PDF-Dokument durch und diktiert seinen neuen Text zu jeder Änderungs-Nummer. Dann übermittelt er mir die PDF-Datei mit den Änderungs-Nummern und das Band mit den Änderungspunkten.

Ich überarbeite die Originalversion des Textes dementsprechend und sende ihm das jetzt geänderte Dokument als Version 2 wiederum per PDF, behalte jedoch die Originalversion, falls er noch wieder Passagen darauf benötigt.

Der Kunde kann dann weitere Änderungen auf dieselbe Weise vornehmen.

Das kann ein paar Mal hin- und hergehen, bis die Endversion dann „steht".

4. Fazit

Diesen dummen Spruch „Es ist noch kein Meister vom Himmel gefallen" spare ich mir an dieser Stelle. Ich habe in meinem ganzen Leben immer wieder die Erfahrung gemacht, dass Trial-and-Error effektiver ist, weil es schneller und besser funktioniert als alles vorherige Studieren.

Also machen Sie einfach – Ihre Schreibkraft ist da, um Sie aufzufangen, falls es schiefgeht.

Wenn Sie immer noch skeptisch sind und Ihr Diktiergerät anstarren wie einst meine Oma das Telefon, in das sie dann laut hineingebrüllt hat, da der Gesprächspartner ja so weit weg war (daran können Sie mal sehen, wie alt auch ich bin), rate ich Ihnen, das ganze Vorhaben eine Weile ruhen und sacken zu lassen – falls das Ihr Terminplan zulässt -, um sich dann mit neu aufgetankter Zuversicht wieder ans Werk zu machen. Ich weiß, dass Sie das können und schaffen werden – es ist wirklich im Grunde ganz einfach.

In diesem Sinne – alles Gute und viel Erfolg!

Ihre

„Tippse"